万歳

BANZAI, CORINTHIANS!

コリンチャンス

BICAMPEÃO MUNDIAL DE CLUBES

RÁDIO BANDEIRANTES

万歳

BANZAI, CORINTHIANS!

コリンチャンス

BICAMPEÃO MUNDIAL DE CLUBES

Este livro segue as normas do novo ACORDO ORTOGRÁFICO

PANDA BOOKS

© Panda Books
Produto licenciado pelo Grupo Bandeirantes de Comunicação.

Grupo Bandeirantes de Comunicação

Presidente
João Carlos Saad

Rádio Bandeirantes

Vice-presidente de rádio
Mário Baccei

Diretor de jornalismo
José Carlos Carboni

Band Imagem

Nonô Saad
Elisa Ayub
Kaique de Almeida Kikuchi

Panda Books

Diretor editorial
Marcelo Duarte

Diretora comercial
Patty Pachas

Diretora de projetos especiais
Tatiana Fulas

Assistentes editoriais
Vanessa Sayuri Sawada
Juliana Paula de Souza
Ana Luiza Candido

Assistentes de arte
Alex Yamaki
Daniel Argento

Projeto gráfico, diagramação e capa
Alex Yamaki
Daniel Argento

Montagem do CD
Everton Massei

Colaboração
Vinícius de Souza Mendes
Marcelo Yamada
Gustavo Longhi de Carvalho
Eliza Tashiro

Fotos
Best Photo Agency

Hino do clube no CD
Hino do Corinthians *(Lauro D'Ávila)*
© 1969 by Musiclave Editora Musical Ltda.

Impressão
RR Donnelley

CIP – BRASIL. CATALOGAÇÃO NA FONTE
SINDICATO NACIONAL DOS EDITORES DE LIVROS, RJ

Banzai, Corinthians! – Bicampeão mundial de clubes/ [organização] Rádio Bandeirantes. – São Paulo: Panda Books, 2013. 48 pp.

Acompanha CD
ISBN: 978-85-7888-256-3

1. Sport Club Corinthians Paulista. 2. Futebol – Torneios. 3. Clubes de futebol – São Paulo (SP). 4. Futebol – Brasil – História. I. Rádio Bandeirantes.

12-9122   CDD: 796.334098161
                                      CDU: 796.332(815.6)

2013
Todos os direitos reservados à Panda Books.
Um selo da Editora Original Ltda.
Rua Henrique Schaumann, 286, cj. 41
05413-010 – São Paulo – SP
Tel./Fax: (11) 3088-8444
edoriginal@pandabooks.com.br
www.pandabooks.com.br
twitter.com/pandabooks
Visite também nossa página no Facebook.

Nenhuma parte desta publicação poderá ser reproduzida por qualquer meio ou forma sem a prévia autorização da Editora Original Ltda. A violação dos direitos autorais é crime estabelecido na Lei nº 9.610/98 e punido pelo artigo 184 do Código Penal.

SUMÁRIO

Time de Guerreros 7

Mundial de Clubes da Fifa 2012 8

Vencei por nós! 11

Como foi o Mundial de 2012 12

Os 23 campeões mundiais de 2012 13

A quarta invasão 14

    Al Ahly (EGI) 0 X 1 Corinthians 18

    Corinthians 1 X 0 Chelsea (ING) 23

Mundial de Clubes da Fifa 2000 34

O mundo em preto e branco 37

Como foi o Mundial de 2000 38

Os 23 campeões mundiais de 2000 39

    Corinthians 2 X 0 Raja Casablanca (MAR) 42

    Real Madrid (ESP) 2 X 2 Corinthians 43

    Al Nassr (ARA) 0 X 2 Corinthians 44

    Corinthians 0 X 0 Vasco 45

Descrição dos gols do CD 47

TIME DE GUERREROS

Se, para alguns, o fim do mundo estava marcado para dezembro de 2012, para os corintianos este final de ano ficará marcado, isso sim, pela conquista do mundo. O pontapé inicial foi dado em 4 de julho, com a conquista da Libertadores. Era o último grande título que faltava para a galeria de troféus do Timão. Se bem que os adversários teimavam em menosprezar o Mundial de Clubes de 2000, conquistado pelo time, chamando-o de "Torneio de Verão". Torneio de verão? O campeonato — o primeiro que teve a chancela da Fifa — reuniu não um, mas dois times europeus e dois brasileiros. Foi o mais disputado e legítimo da história da competição. Mas, diziam os rivais, o Corinthians precisaria disputar esse título fora do Brasil para mostrar sua força. Foi o que aconteceu em 2012.

O título sul-americano carimbou o passaporte para o Japão. Foram seis meses de expectativa para a estreia no Mundial. No dia 12 de dezembro, o Corinthians venceu o Al Ahly, do Egito, por 1 X 0, num jogo que deixou a torcida desconfiada. Ainda mais depois que o Chelsea, da Inglaterra, venceu sua partida de estreia com facilidade. Mas, na decisão, o Timão não se intimidou. Deu um nó no time inglês. Cássio fez defesas espetaculares e foi eleito o melhor em campo. O atacante peruano Guerrero marcou o gol do título e os 23 mosqueteiros se transformaram em samurais.

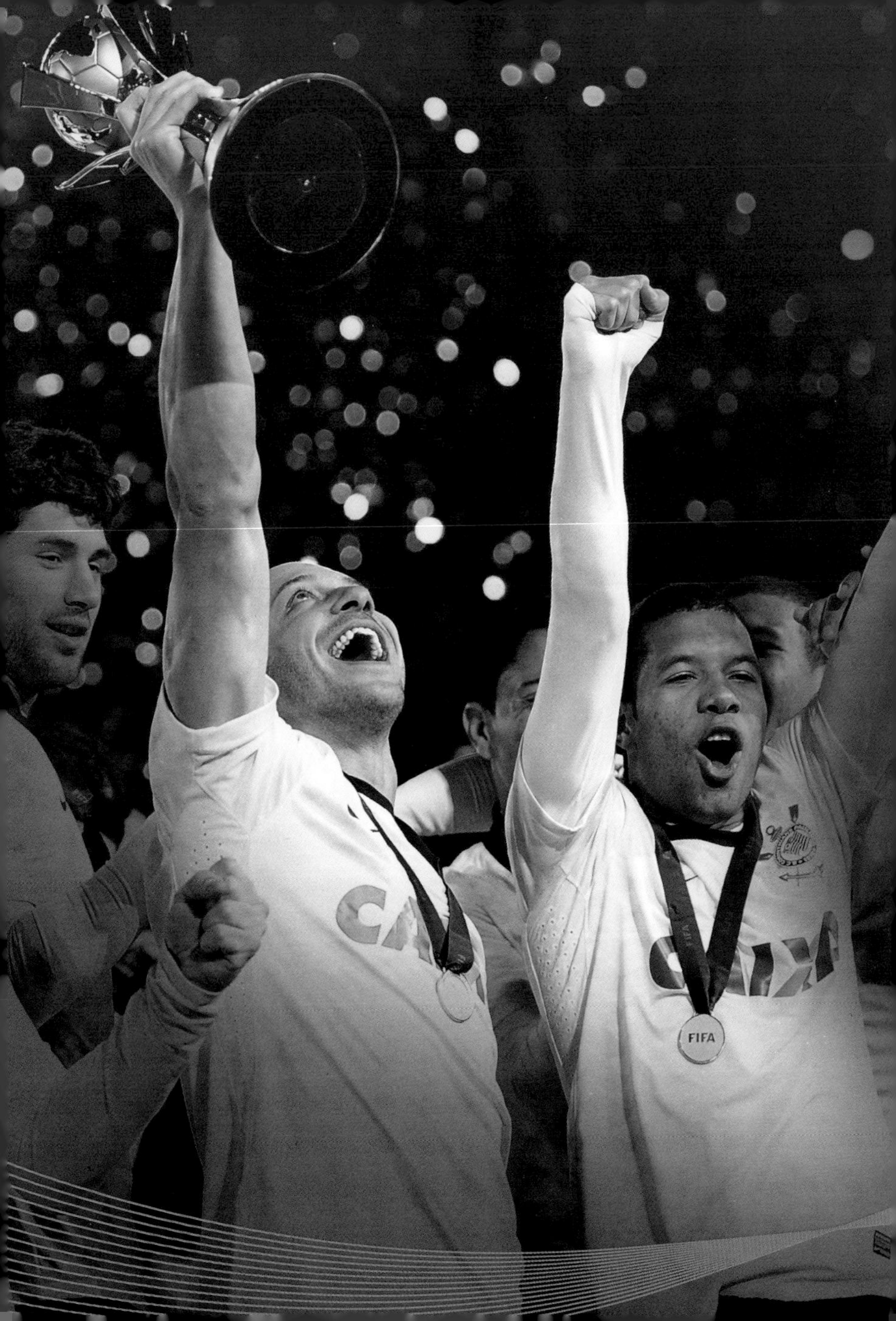
FIFA

力強い

忍耐力

MUNDIAL
DE CLUBES
DA FIFA

2012

意欲的な

意志

O capitão Alessandro ergue a tão sonhada taça da Libertadores – passaporte carimbado para o Japão.

Os heróis Emerson, Paulinho, Danilo e Cássio: uma nova era.

VENCEI POR NÓS!

Se tivesse escrito o roteiro da conquista da tão sonhada Libertadores, o torcedor corintiano não teria feito melhor. A pressão pela conquista era enorme. O Corinthians era o único dos quatro grandes clubes paulistas que ainda não tinha o troféu. Por isso, o título corintiano precisaria ser mesmo épico. E foi!

O Timão simplesmente encarou todas as dificuldades que uma equipe pode enfrentar na competição sul-americana. Passou pela longa viagem e pela altitude do México. Derrotou o vice-campeão brasileiro e o último campeão da Libertadores. E ainda, na decisão, teve pela frente o temido Boca Juniors, seis vezes campeão. Empatou na mítica La Bombonera na partida de ida e venceu por 2 X 0 num Pacaembu pintado de preto e branco. Emerson, Paulinho, Danilo e Cássio foram os libertadores do Timão e deram início a uma nova era para o time do povo.

Como foi o Mundial de 2012

PLAYOFF

SANFRECCE HIROSHIMA (JAP) 1 x 0 AUCKLAND CITY (NZL)

QUARTAS DE FINAL

SANFRECCE HIROSHIMA (JAP) 1 x 2 AL AHLY (EGI)

ULSAN HYUNDAI (COR) 1 x 3 MONTERREY (MEX)

SEMIFINAIS

AL AHLY (EGI) 0 x 1 CORINTHIANS

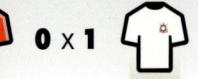

MONTERREY (MEX) 1 x 3 CHELSEA (ING)

FINAL

CORINTHIANS 1 x 0 CHELSEA (ING)

TERCEIRO LUGAR

AL AHLY (EGI) 0 x 2 MONTERREY (MEX)

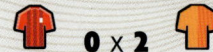

QUINTO LUGAR

ULSAN HYUNDAI (COR) 2 x 3 SANFRECCE HIROSHIMA (JAP)

Os 23 campeões mundiais de 2012

Nº	Nome	Pos.	Nasc.	Cidade natal
1	**Júlio César** de Souza Santos	G	27/10/1984	São Paulo (SP)
2	**Alessandro** Mori Nunes	LD	10/1/1979	Assis Chateaubriand (PR)
3	Anderson Sebastião Cardoso (**Chicão**)	Z	3/6/1981	Mogi Guaçu (SP)
4	**Wallace** Reis da Silva	Z	26/12/1987	Conceição do Coité (BA)
5	**Ralf** de Souza Teles	V	9/6/1984	São Paulo (SP)
6	**Fábio Santos** Romeu	LE	16/9/1985	São Paulo (SP)
7	Juan Manuel **Martínez**	A	25/10/1985	Viedma (ARG)
8	José Paulo Bezerra Maciel Junior (**Paulinho**)	V	25/7/1988	São Paulo (SP)
9	José Paolo **Guerrero** Gonzales	A	1º/1/1984	Lima (PER)
10	**Douglas** dos Santos	M	18/2/1982	Criciúma (SC)
11	Márcio Passos de Albuquerque (**Emerson**)	A	6/9/1978	Nova Iguaçu (RJ)
12	**Cássio** Ramos	G	6/6/1987	Veranópolis (RS)
13	**Paulo André** Cren Benini	Z	20/8/1983	Campinas (SP)
15	**Anderson** Corrêa **Polga**	Z	9/2/1979	Santiago (RS)
17	**Willian** Souza **Arão** da Silva	V	12/3/1992	São Paulo (SP)
20	**Danilo** Gabriel de Andrade	M	11/6/1979	São Gotardo (MG)
21	**Edenílson** Andrade dos Santos	M	18/12/1989	Porto Alegre (RS)
22	**Danilo Fernandes** Batista	G	3/4/1988	Guarulhos (SP)
23	**Jorge Henrique** de Souza	A	23/4/1982	Resende (RJ)
26	**Guilherme Andrade** da Silva	LD	31/1/1989	Montes Claros (SP)
28	**Felipe** Augusto de Almeida Monteiro	Z	16/5/1989	Mogi das Cruzes (SP)
29	**Giovanni** Piccolomo	M	4/4/1994	Sorocaba (SP)
31	Romário Ricardo da Silva (**Romarinho**)	A	12/12/1990	Palestina (SP)

A QUARTA INVASÃO

A primeira invasão corintiana de que se tem notícia aconteceu no dia 4 de janeiro de 1931. Oito composições de trem, com dez vagões cada, saíram da Estação da Luz e do Brás em direção à Vila Belmiro para ver o Corinthians vencer o Santos por 5 X 2 e conquistar o segundo tricampeonato paulista de sua história.

A maior das invasões aconteceu na semifinal do Campeonato Brasileiro de 1976. Cerca de 70 mil corintianos dividiram o Maracanã com a torcida do Fluminense. Foi o maior deslocamento popular para um evento esportivo da história.

Na final do Mundial de 2000, a invasão foi menor, mas não menos importante. Os 25 mil corintianos que viajaram ao Rio de Janeiro empurraram o Timão para a conquista contra o Vasco. Em 2012, as cidades de Toyota e Yokohama, no Japão, conheceram também o amor da Fiel Torcida. Aproximadamente 15 mil corintianos — o maior deslocamento intercontinental em tempos de paz — venceram a distância de 19 mil quilômetros e se juntaram a outros 10 mil corintianos que vivem e trabalham no país do Sol Nascente. E a longa viagem de volta para casa não poderia ser mais feliz.

> A torcida do Chelsea vai ter que gritar muito se quiser ser reconhecida aqui em Yokohama. É fantástico o que faz a torcida do Corinthians.
>
> **Site do jornal inglês *The Guardian***

A fiel torcida atravessa o mundo para mais uma invasão histórica e se junta a outros 10 mil corintianos que vivem no Japão.

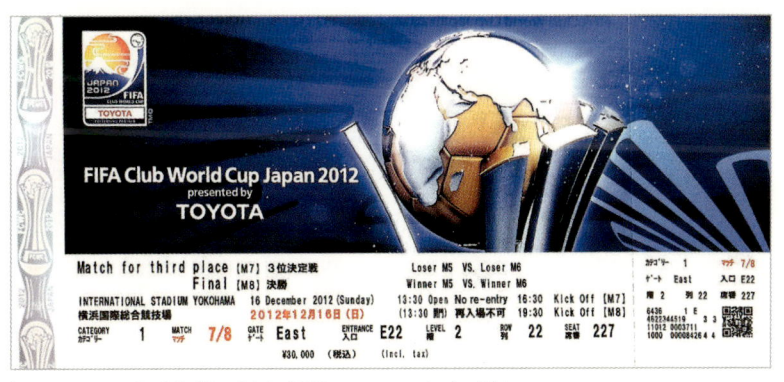

Ingresso para a final do Mundial de 2012: o passaporte da vitória.

Os samurais se preparam para a disputa final. Alessandro, Paulo André, Guerrero, Chicão, Ralf e Cássio (em pé); Jorge Henrique, Emerson, Paulinho, Fábio Santos e Danilo (agachados).

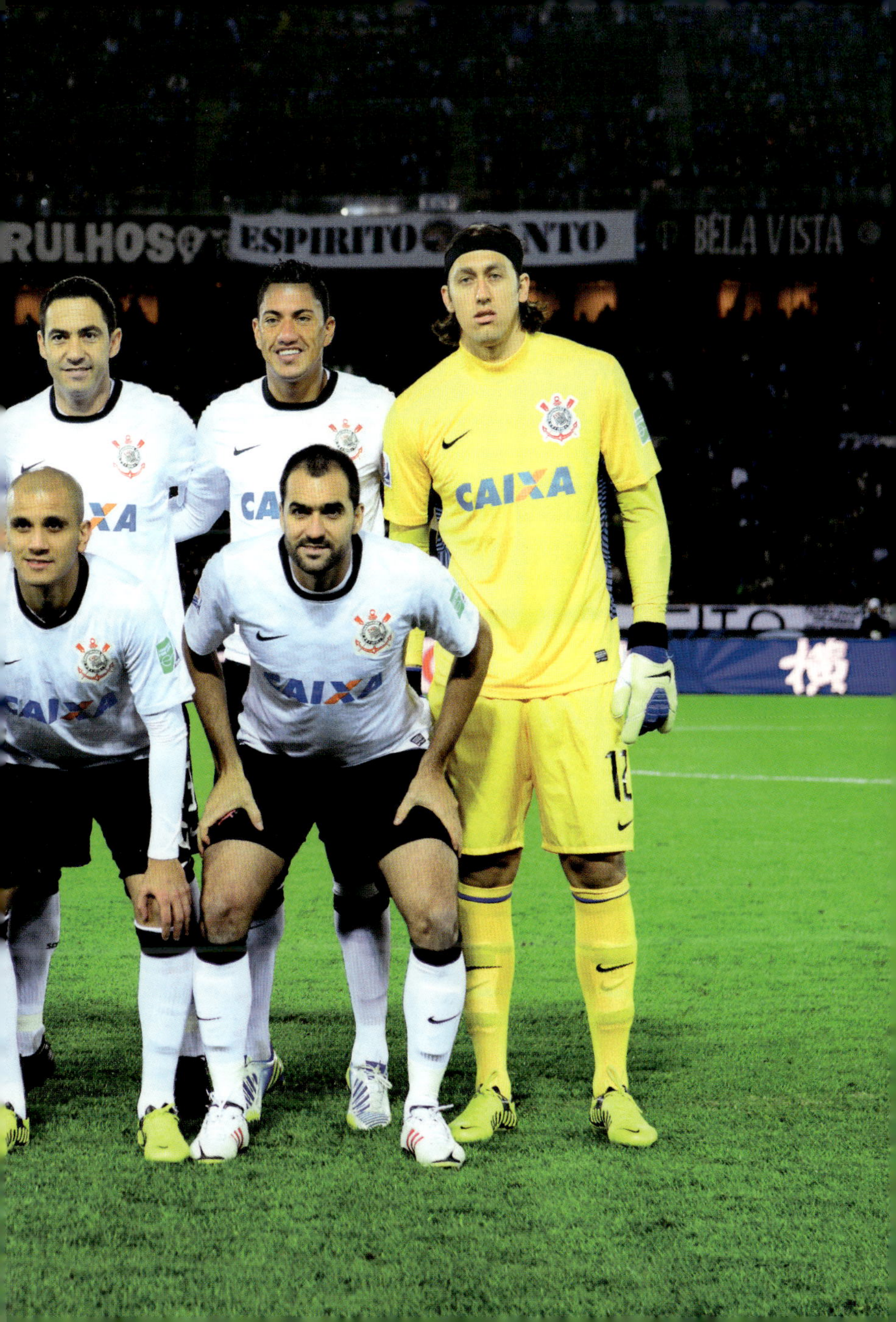
RULHOS
ESPIRITO
BELA VISTA
CAIXA

Ralf, símbolo da raça e da forte marcação do Corinthians, desarma o ataque do Al Ahly.

12/12/2012
AL AHLY (EGI) 0 x 1 CORINTHIANS

Local
Toyota Stadium (JAP)

Árbitro
Marco Rodríguez (México)

Assistentes
Marvin Torrentera (México) e Marcos Quintero (México)

Público
31.417 pagantes

Gol
Guerrero 30' do 1º.

AL AHLY
Ekramy (Abou Elseoud); Fathi, Gomaa, Naguib e Kenawi; Rabia, Ashour, Said (Aboutrika), Soliman e Hamdi; Gedo (Meteab). Técnico: Hossam El Badry.

CORINTHIANS
Cássio; Alessandro, Chicão, Paulo André e Fábio Santos; Ralf, Paulinho, Danilo e Douglas (Jorge Henrique); Emerson (Romarinho) e Guerrero (Guilherme Andrade). Técnico: Tite.

Emerson, o herói da Libertadores, reencontra os fãs japoneses na disputa da semifinal.

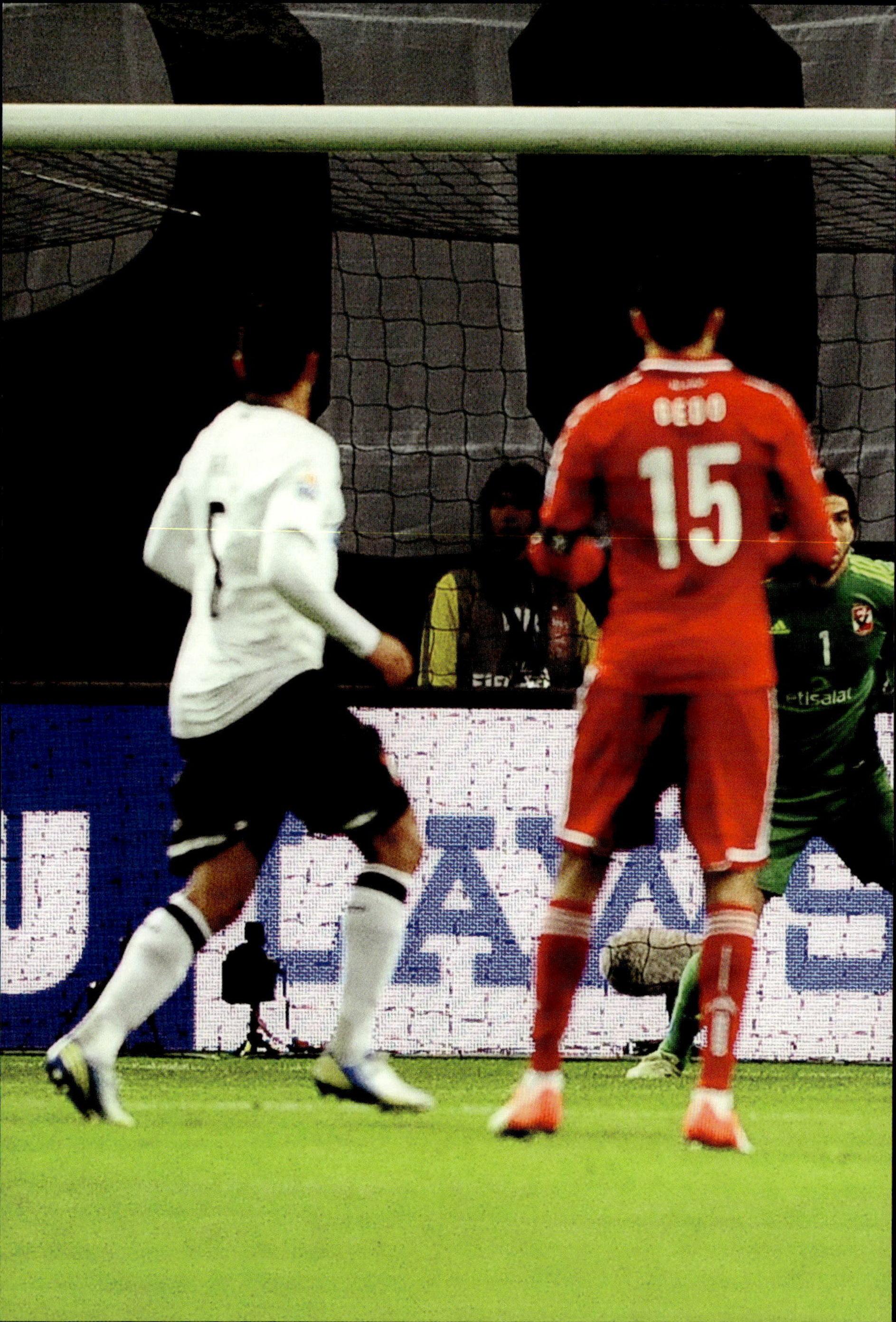

15
etisalat

Guerrero salta para marcar o primeiro gol do Timão no Mundial, presenteando a torcida com a final contra o Chelsea.

Jorge Henrique entrou como titular na final contra o Chelsea e fez grandes jogadas.

O zagueiro David Luiz, corintiano desde criança, discute com Chicão e Paulo André.

16/12/2012
CORINTHIANS 1 x 0 CHELSEA (ING)

Local
Yokohama (JAP)

Árbitro
Cuneyt Çakir (Turquia)

Assistentes
Bahattin Duran (Turquia) e Tarik Ongun (Turquia)

Público
68.275 pagantes

Cartões amarelos
Corinthians: Jorge Henrique; Chelsea: David Luiz.

Cartão vermelho
Chelsea: Cahill.

Gol
Guerrero 24' do 2º.

CORINTHIANS
Cássio; Alessandro, Chicão, Paulo André e Fábio Santos; Ralf, Paulinho, Danilo e Jorge Henrique; Emerson (Wallace) e Guerrero (Martínez). Técnico: Tite.

CHELSEA
Petr Cech; Ivanovic (Azpilicueta), Cahill, David Luiz e Ashley Cole; Ramires, Lampard, Moses (Oscar), Hazard (Marín) e Mata; Torres. Técnico: Rafael Benítez.

Guerrero enfrenta a zaga do Chelsea rumo ao gol de Petr Cech.

Guerrero comemora o gol que lavou a alma da torcida corintiana.

As defesas espetaculares de Cássio garantiram a festa alvinegra.

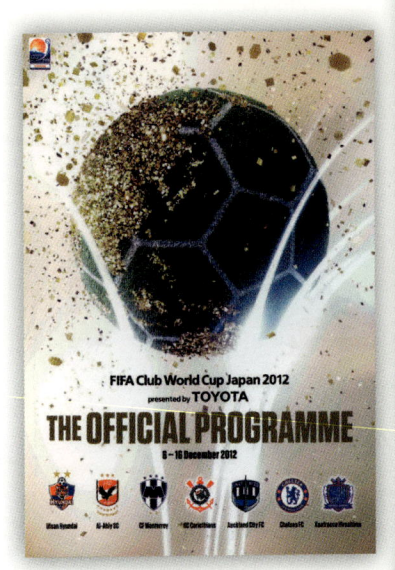

Acima, capa da revista com o programa oficial do campeonato. Ao lado, páginas internas com a escalação do Timão.

MF8 PAULINHO
1. PAULINHO / パウリーニョ
2. 25/07/1988
3. 179cm / 87kg
4. Brazil / ブラジル

大胆なオーバーラップで攻撃に厚みを加える中盤のダイナモ。強力なミドルシュートはブラジル代表でも実証済み。

Midfield dynamo who adds an extra layer to the Corinthians attack with his adventurous overlapping runs. Has demonstrated his powerful long-range shooting abilities with the Brazilian national team.

MF10 DOUGLAS
1. DOUGLAS / ドウグラス
2. 19/12/1982
3. 181cm / 83kg
4. Brazil / ブラジル

華麗なドリブル技術と多彩なフィニッシュワークでファンを熱狂させる、いざなう左利きのファンタジスタ。

Left-footed fantasista who excites the fans with his flashy dribbling technique and unpredictable finishing skills.

MF20 DANILO
1. DANILO / ダニーロ
2. 01/08/1979
3. 186cm / 80kg
4. Brazil / ブラジル

シンプルなボールさばきが持ち味。タメを作るポストプレーにも優れ、常に効果的なプレーで好機を演出する。

Famous for his simple ball distribution. A highly efficient player who is excellent at holding up the play to support the attack and create great chances for others.

MF21 EDENILSON
1. EDENILSON / エデニウソン
2. 18/12/1989
3. 175cm / 66kg
4. Brazil / ブラジル

彼の機動力で豊穣無尽に動き、ロングレンジのスルーパスや正確なフィニッシュセンスの良さを発揮する。

With a terrific engine, Edenilson moves freely about the pitch and demonstrates a real knack for long-range through balls and accurate finishes.

MF35 GUILHERME
1. GUILHERME / ギリェルメ
2. 05/04/1991
3. 177cm / 77kg
4. Brazil / ブラジル

素早くパスさばきで攻撃陣にリズムをもたらす将来性豊かなセントラルMF。強烈なミドルシュートも魅力的。

Central midfielder with a great future, offering rhythm to the team's attacks with rapid ball distribution. Also known for his powerful shots from outside the area.

FW7 MARTÍNEZ
1. Juan MARTÍNEZ / ファン・マルティネス
2. 25/01/1985
3. 175cm / 72kg
4. Argentina / アルゼンチン

緩急の変化で相手を次々にかわし、ペナルティーエリア内で抜群の勝負強さを見せる、両足で正確なキックを操る。

A dangerous competitor in the penalty area capable of beating a succession of opponents with sudden changes of pace. Accurate with both feet.

FW9 GUERRERO
1. Paolo GUERRERO / パオロ・ゲレーロ
2. 01/01/1984
3. 185cm / 88kg
4. Peru / ペルー

ドイツ時代に実績を積んだペルー出身の点取り屋。周囲の選手を生かす動きに長け、大一番での勝負強さも兼ね備える。

Peruvian striker with a good record in German football. His adept movement brings others into play, while he can also be depended on to score himself when it matters most.

FW11 EMERSON
1. EMERSON / エメルソン
2. 08/09/1979
3. 170cm / 78kg
4. Qatar / カタール

Jリーグ時代、抜群のスピードと高い得点力でファンを魅了したゴールハンター。守備の意識も高い。

Goal hunter who wowed fans with his sheer speed and strike rate during his J. League days. Also demonstrates a strong defensive awareness.

FW23 J. HENRIQUE
1. JORGE HENRIQUE / ジョルジ・エンリケ
2. 22/04/1982
3. 170cm / 74kg
4. Brazil / ブラジル

2トップの一角としてもプレーできるが、現在は主に右サイドMFを務め、鋭く正確なクロスでチャンスメークする。

Can play as part of a two-man strikeforce but is currently used mainly as a right-sided midfielder, where he creates chances with his accurate crossing ability.

FW29 GIOVANNI
1. GIOVANNI / ジョバンニ
2. 04/04/1994
3. 170cm / 78kg
4. Brazil / ブラジル

ユースチームのプレーメーカーとしてサンパウロ州選手権制覇の原動力となり、トップ昇格を果たした18歳。

Playmaker and driving force behind the youth team's success at the Copa São Paulo de Futebol Júnior, Giovanni has now been promoted to the first team at the age of 18.

FW31 ROMARINHO
1. ROMARINHO / ロマリーニョ
2. 12/12/1990
3. 173cm / 73kg
4. Brazil / ブラジル

狭在で巧みにボールを操り、積極的にゴールを狙うアタッカー。コパ・リベルタドーレス決勝でも得点を記録した。

Expertly controls the ball with either foot and is always keen to go for goal. Scorer in the Copa Libertadores final.

1. FIFA display name / 招録表示名
2. Date of Birth / 生年月日(日/月/年)
3. Height / Weight / 身長/体重
4. Nationality / 国籍

※各選手のデータはFIFA発表のもの。背番号は変更になる可能性があります。
Each player's data refers to the information by FIFA.Shirt number may be subject to change.

A conquista corintiana é destaque na imprensa japonesa.

ゴールが遠いチェルシー

屈辱の欧州王者…6大会ぶりに優勝逃した

Os três melhores jogadores da competição: Cássio ganhou a Bola de Ouro; David Luiz, a de Prata; e Guerrero, a de Bronze.

O técnico Tite, um dos mais emocionados com a conquista, desfila com uma faixa presenteada pela torcida.

O capitão Alessandro levanta a taça junto com os companheiros. Corinthians é Bicampeão Mundial!

A equipe campeã que ficará para sempre na história do time alvinegro.

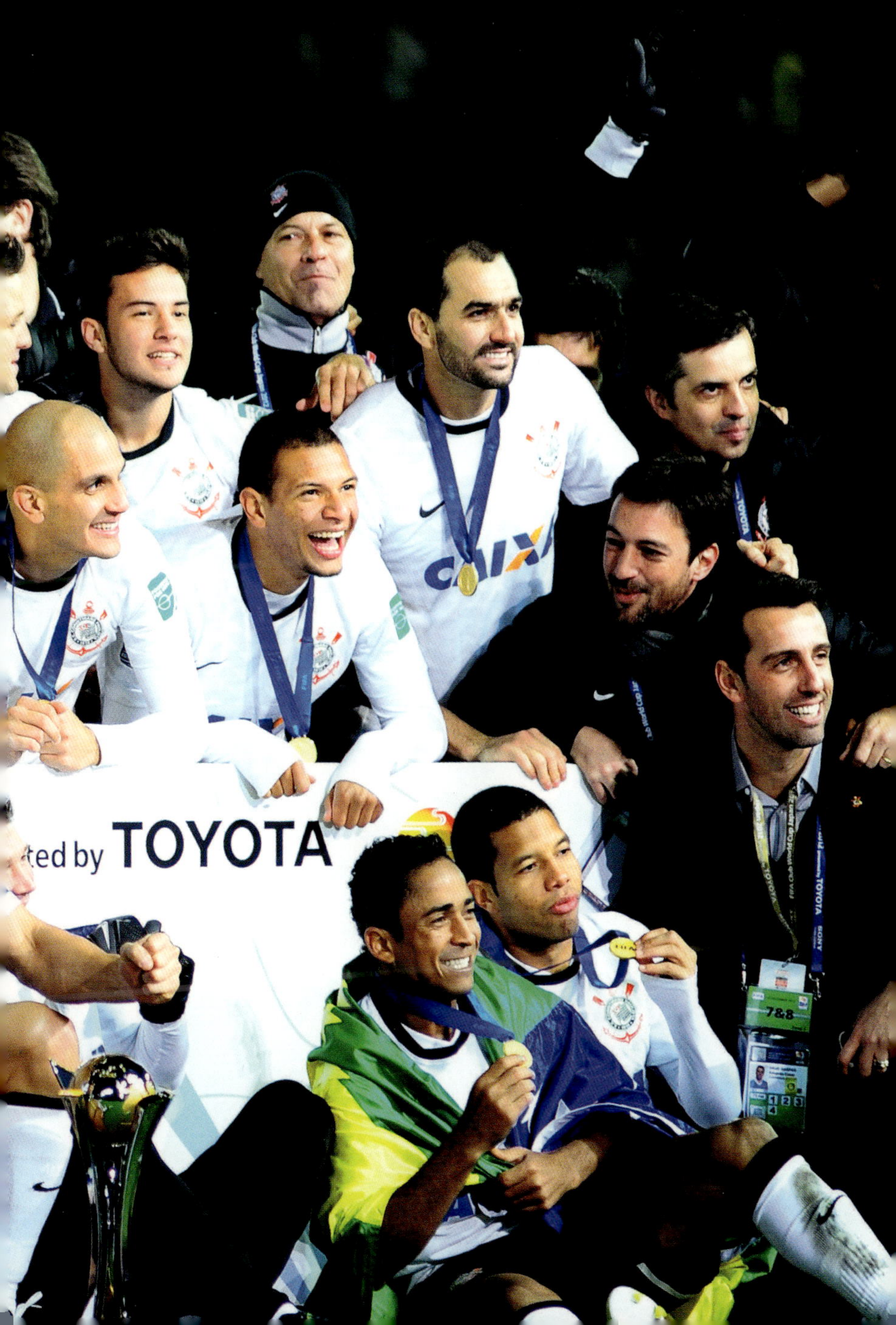
ted by TOYOTA
CAIXA

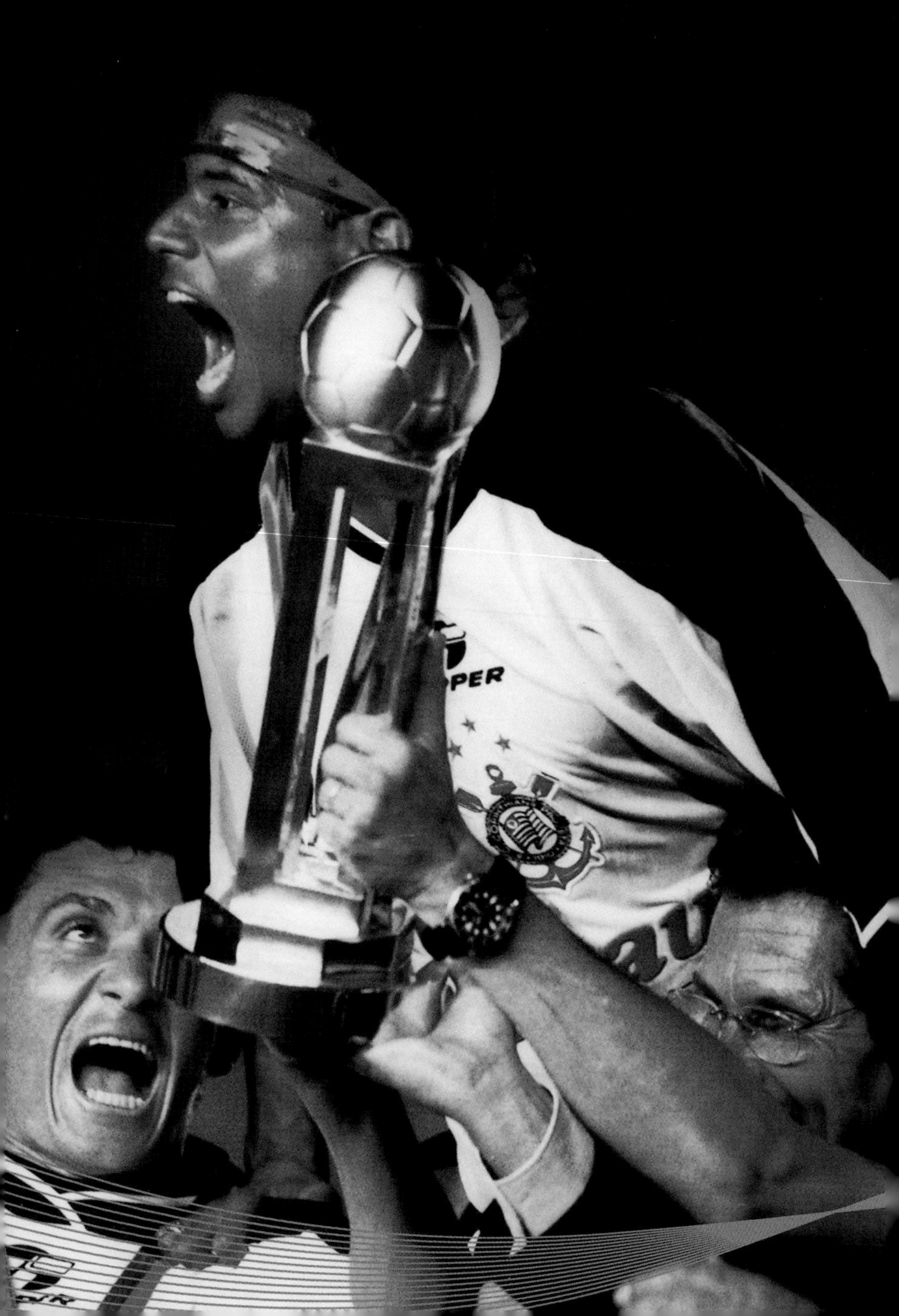

DETERMINAÇÃO

PERSEVERANÇA

MUNDIAL DE CLUBES DA FIFA

2000

GARRA

VONTADE

O capitão Rincón levanta o troféu do primeiro Mundial de Clubes da Fifa.

Oportunismo de Luizão rumo ao gol do Raja Casablanca, abrindo o placar do jogo.

O MUNDO EM PRETO E BRANCO

A Fifa não aceitava mais que o ganhador de um jogo entre o campeão europeu e o sul-americano fosse declarado campeão mundial. Por isso, em 2000, a entidade promoveu o primeiro Campeonato Mundial de Clubes, com dois times brasileiros, duas equipes europeias e representantes da Ásia, África, América no Norte e Central e Oceania. O Corinthians ganhou a vaga como campeão nacional do país anfitrião — o time havia conquistado o o bicampeonato brasileiro com os títulos de 1998 e 1999. Na primeira fase, o Timão passou pelo Raja Casablanca, do Marrocos, e pelo Al Nassr, da Arábia Saudita. Empatou por 2 X 2 com o Real Madrid, numa partida que teve show de Edílson e defesa de pênalti de Dida. Na final contra o Vasco, o Corinthians saiu vencedor nos pênaltis por 4 X 3. A conquista fez uma geração vitoriosa entrar para sempre na galeria de heróis do Parque São Jorge.

Como foi o Mundial de 2000

FASE DE GRUPOS

GRUPO A

REAL MADRID (ESP) 3 x 1 AL NASSR (SAU)

CORINTHIANS 2 x 0 RAJA CASABLANCA (MAR)

REAL MADRID (ESP) 2 x 2 CORINTHIANS

RAJA CASABLANCA (MAR) 3 x 4 AL NASSR (SAU)

REAL MADRID (ESP) 3 x 2 RAJA CASABLANCA (MAR)

CORINTHIANS 2 x 0 AL NASSR (SAU)

GRUPO B

MANCHESTER UNITED (ENG) 1 x 1 NECAXA (MEX)

VASCO 2 x 0 SOUTH MELBOURNE (AUS)

MANCHESTER UNITED (ENG) 1 x 3 VASCO

SOUTH MELBOURNE (AUS) 1 x 3 NECAXA (MEX)

MANCHESTER UNITED (ENG) 2 x 0 SOUTH MELBOURNE (AUS)

NECAXA (MEX) 1 x 2 VASCO

Corinthians e Real Madrid terminaram a fase de grupos empatados com sete pontos. O Corinthians se classificou para a final pelo saldo de gols – o time somava quatro, contra os três do Real Madrid.

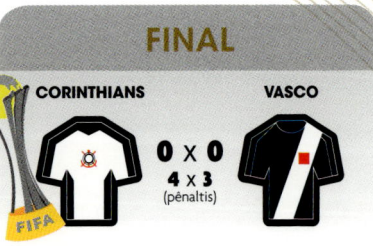

TERCEIRO LUGAR

REAL MADRID (ESP) 1 x 1 NECAXA (MEX)
3 x 4 (pênaltis)

FINAL

CORINTHIANS 0 x 0 VASCO
4 x 3 (pênaltis)

Os 23 campeões mundiais de 2000

Nº	Nome	Pos.	Nasc.	Cidade natal
1	Nélson de Jesus Silva (**Dida**)	G	7/10/1973	Irará (BA)
2	José Sátiro do Nascimento (**Índio**)	LD	3/4/1979	Palmeira dos Índios (AL)
3	**Adílson** Dias Batista	Z	16/3/1968	Curitiba (PR)
4	**João Carlos** dos Santos	Z	10/9/1972	Sete Lagoas (MG)
5	Marcos André Batista dos Santos (**Vampeta**)	M	13/3/1974	Nazaré das Farinhas (BA)
6	**Kléber** de Carvalha Correia	LE	1º/4/1980	São Paulo (SP)
7	Marcelo Pereira Surcin (**Marcelinho Carioca**)	M	31/12/1971	Rio de Janeiro (RJ)
8	Fredy E. G. **Rincón** Valencia	M	14/8/1966	Buenaventura (COL)
9	Luiz Carlos Bombonato Goulart (**Luizão**)	A	14/11/1975	Rubineia (SP)
10	**Edílson** da Silva Ferreira	A	17/9/1971	Salvador (BA)
11	Ricardo Luís Pozzi Rodrigues (**Ricardinho**)	M	23/5/1976	São Paulo (SP)
12	**Maurício** Assolini	G	8/7/1970	Novo Horizonte (SP)
13	**Daniel** Sabino Martins	LD	8/5/1972	Vitória (ES)
14	**Márcio** Alexandre Bastos da **Costa**	Z	18/5/1971	Rio de Janeiro (RJ)
15	Fernando **Yamada**	G	17/2/1979	Ribeirão Preto (SP)
16	**Fábio Luciano**	Z	29/4/1975	Vinhedo (SP)
17	João Fernando Nelo (**Fernando Baiano**)	A	18/3/1979	São Paulo (SP)
18	Claudinei Alexandre Pires (**Dinei**)	A	10/9/1970	São Paulo (SP)
19	**Augusto** Pedro de Souza	LE	5/11/1968	Brasília (DF)
20	Eduardo César Daud Gaspar (**Edu**)	M	16/5/1978	São Paulo (SP)
21	**Marcos** Antônio **Senna** da Silva	M	17/7/1976	São Paulo (SP)
22	**Luís Mario** Miranda da Silva	A	1º/11/1976	Vigia (PA)
23	**Gilmar** de Lima Nascimento	M	13/8/1975	São Paulo (SP)

O time que iniciou a partida final contra o Vasco: Dida, Kléber, Fábio Luciano, Vampeta, Rincón e Adílson (em pé); Luizão, Índio, Ricardinho, Marcelinho Carioca e Edílson (agachados).

JVC HI-FI & VIDEO JVC
batavo
TOPPER

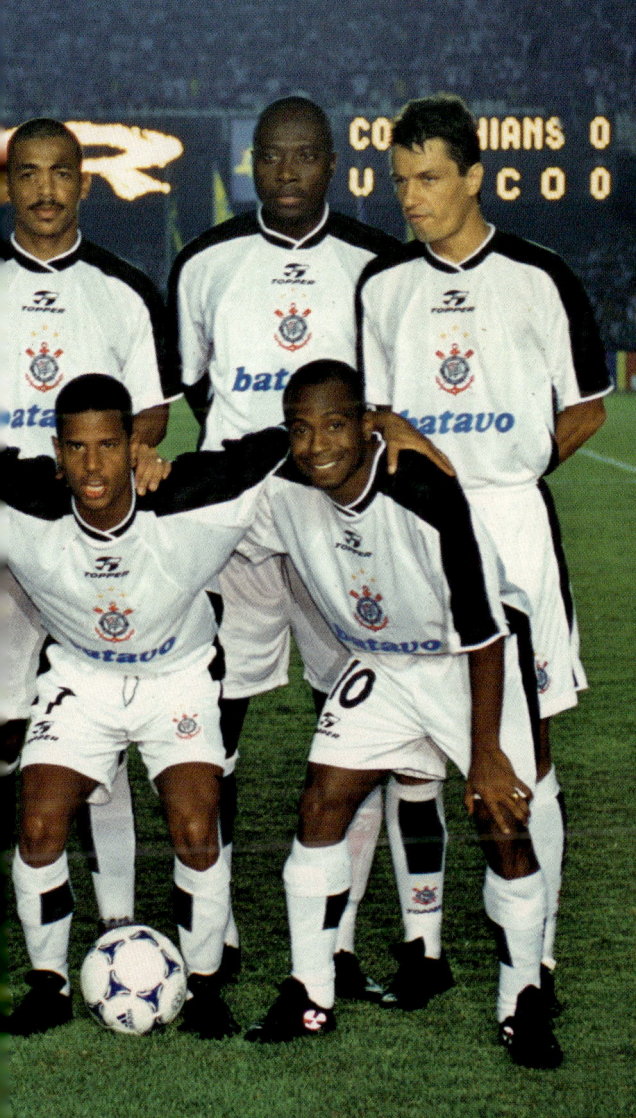

Na difícil estreia, Edílson, observado por Marcelinho Carioca, passa pelo jogador Aboub.

5/1/2000
CORINTHIANS 2 x 0 RAJA CASABLANCA (MAR)

Local
Morumbi (São Paulo, SP)

Árbitro
Stefano Braschi (Itália)

Assistentes
Jens Larsen (Dinamarca) e Jacek Pociegiel (Polônia)

Público
23.000 pagantes

Cartões amarelos
Raja Casablanca: Jrindou, El Chadili e Misbah.

Gols
Luisão 4' e Fábio Luciano 19' do 2º.

CORINTHIANS
Dida; Índio, João Carlos, Fábio Luciano e Kléber; Vampeta (Edu), Rincón, Marcelinho Carioca (Marcos Senna) e Ricardinho; Edílson e Luizão (Dinei). Técnico: Oswaldo de Oliveira.

RAJA CASABLANCA
Chadili, Misbah, El Karkouri, Jrindou e El Haimeur; Nejjary, Safri, Ereyahi e Aboub; Moustaoudia e Khoubbache (Achami). Técnico: Fathi Jamal.

Edílson passa a bola entre as pernas de Karembeu para chutar o segundo gol – um golaço que entrou para a história.

7/1/2000
REAL MADRID (ESP) 2 x 2 CORINTHIANS

Local
Morumbi (São Paulo, SP)

Árbitro
William Mattus Vega (Costa Rica)

Assistentes
Jacek Pociegiel (Polônia) e Fernando Cresci Fripp (Uruguai)

Público
55.000 pagantes

Cartões amarelos
Real Madrid: Michel Salgado, Guti, Karembeu e Roberto Carlos. Corinthians: Fábio Luciano, Rincón e Kléber.

Gols
Anelka 19', Edílson 28' do 1º; Edílson 19' e Anelka 26' do 2º.

REAL MADRID
Iker Casillas; Michel Salgado, Fernando Hierro, Christian Karembeu e Roberto Carlos; Fernando Redondo, José Guti (Fernando Morientes) e Geremi (Steve McManaman); Anelka, Raúl e Sávio. Técnico: Vicente del Bosque.

CORINTHIANS
Dida; Índio, João Carlos, Fábio Luciano e Kléber; Vampeta (Edu), Rincón, Ricardinho (Marcos Senna) e Marcelinho Carioca; Luizão (Dinei) e Edílson. Técnico: Oswaldo de Oliveira.

Marcelinho Carioca cabeceia em mais um ataque – emoção do começo ao fim na vitória contra o Al Nassr.

10/1/2000
AL NASSR (ARA) 0 x 2 CORINTHIANS

Local
Morumbi (São Paulo, SP)

Árbitro
Dick Jol (Holanda)

Assistentes
Lavetala Siuamoa (Samoa) e Serguei Ufimtsev (Cazaquistão)

Público
31.000 pagantes

Cartões amarelos
Al Nassr: Mohsin Harthi e Ibrahim Al Shokia.
Corinthians: Marcelinho Carioca, Daniel, Luizão.

Cartão vermelho
Corinthians: Daniel.

Gols
Ricardinho 24' do 1º; Rincón 36' do 2º.

AL NASSR
Mohammad Babkr; Mohsin Harthi, Hadi Sharify, Ibrahim Al Shokia e Abdallah Al Karni; Mansour Al Mousa, Moussa Saib (Fahad Al Mehalel), Fahad Al Husseini (Abdulaziz Al Janoubi) e Ahmed Bahja; Fuad Al Amin e Mehaisen Al Dosari (Smahi Triki). Técnico: Milan Zivadinovic.

CORINTHIANS
Dida; Daniel, João Carlos (Adílson), Fábio Luciano e Kléber; Vampeta (Dinei), Rincón, Ricardinho (Edu) e Marcelinho Carioca; Edílson e Luizão. Técnico: Oswaldo de Oliveira.

A apreensão marcava a disputa por pênaltis na final contra o Vasco.

14/1/2000
CORINTHIANS 0 x 0 VASCO

Corinthians 4 x 3 Vasco (nos pênaltis)

Local
Maracanã (Rio de Janeiro, RJ)

Árbitro
Dick Jol (Holanda)

Assistentes
Jens Larsen (Dinamarca) e Fernando Cresci (Uruguai)

Público
73.000 pagantes

Cartões amarelos
Corinthians: Rincón, Adílson, Índio e Luizão. Vasco: Felipe, Amaral, Paulo Miranda e Edmundo.

Gols (Pênaltis)
Corinthians: Rincón, Fernando Baiano, Luizão e Edu; Marcelinho Carioca desperdiçou. Vasco: Romário, Alex Oliveira e Viola; Gilberto e Edmundo desperdiçaram.

CORINTHIANS
Dida; Índio, Adílson, Fábio Luciano e Kléber; Vampeta (Gilmar), Rincón, Ricardinho (Edu) e Marcelinho Carioca; Edílson (Fernando Baiano) e Luizão. Técnico: Oswaldo de Oliveira.

VASCO
Helton, Paulo Miranda, Odvan, Mauro Galvão e Gilberto; Amaral, Felipe (Alex Oliveira), Ramon (Donizete) e Juninho Pernambucano (Viola); Romário e Edmundo. Técnico: Antônio Lopes.

Edmundo se ajoelha, arrasado com a perda do pênalti, enquanto Dida caminha calmente: dever cumprido.

Os jogadores carregam a taça em comemoração ao tão merecido título.

DESCRIÇÃO DOS GOLS DO CD

MUNDIAL DE CLUBES 2012

CORINTHIANS 1
AL AHLY (EGI) 0
- 12/12/2012
- Gol: Guerrero 30' do 1º.
- Narração: José Silvério

CORINTHIANS 1
CHELSEA (ING) 0
- 16/12/2012
- Gol: Guerrero 24' do 2º.
- Narração: José Silvério

MUNDIAL DE CLUBES 2000

CORINTHIANS 2
RAJA CASABLANCA (MAR) 0
- 5/1/2000
- Gol: Luizão 4', Fábio Luciano 13' do 2º.
- Narração: Dirceu Marchioli

REAL MADRID (ESP) 2
CORINTHIANS 2
- 7/1/2000
- Gols: Anelka 19', Edílson 28' do 1º; Edílson 19' e Anelka 26' do 2º.
- Narração: Dirceu Marchioli

AL NASSR (ARA) 0
CORINTHIANS 2
- 10/1/2000
- Gol: Ricardinho 24' do 1º; Rincón 36' do 2º.
- Narração: José Maia

CORINTHIANS 0 (4)
VASCO 0 (3)
- 14/1/2000
- Pênaltis: Rincón, Romário, Fernando Baiano, Alex Oliveira, Luizão, Edu e Viola converteram; Gilberto, Marcelinho Carioca e Edmundo desperdiçaram.
- Narração: Dirceu Marchioli

CONHEÇA OUTROS TÍTULOS ALVINEGROS DA PANDA BOOKS

CORINTHIANS TODO-PODEROSO CAMPEÃO DA LIBERTADORES 2012
Audiolivro com todos os gols da campanha vitoriosa da Libertadores e o jogo final na íntegra. No livro, fotos e fichas dos 14 jogos.

CORINTHIANS
Audiolivro com histórias do alvinegro Salomão Ésper e narrações de gols inesquecíveis.

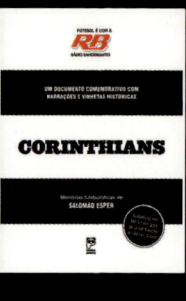

CORINTHIANS - UMA CALDEIRA DE SURPRESAS
Livro em formato de cards com os maiores recordes da equipe corintiana.

BÍBLIA DO CORINTIANO
Caixa com réplicas de trinta documentos históricos e mais um livro assinado por Celso Unzelte.

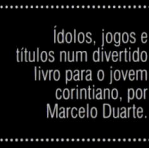

O DIA EM QUE ME TORNEI CORINTIANO
Ídolos, jogos e títulos num divertido livro para o jovem corintiano, por Marcelo Duarte.

TODAS AS CAMISAS DA HISTÓRIA DO CORINTHIANS
Todas as camisas da história do Timão em aplicativo à venda na Apple Store.

APLICATIVO

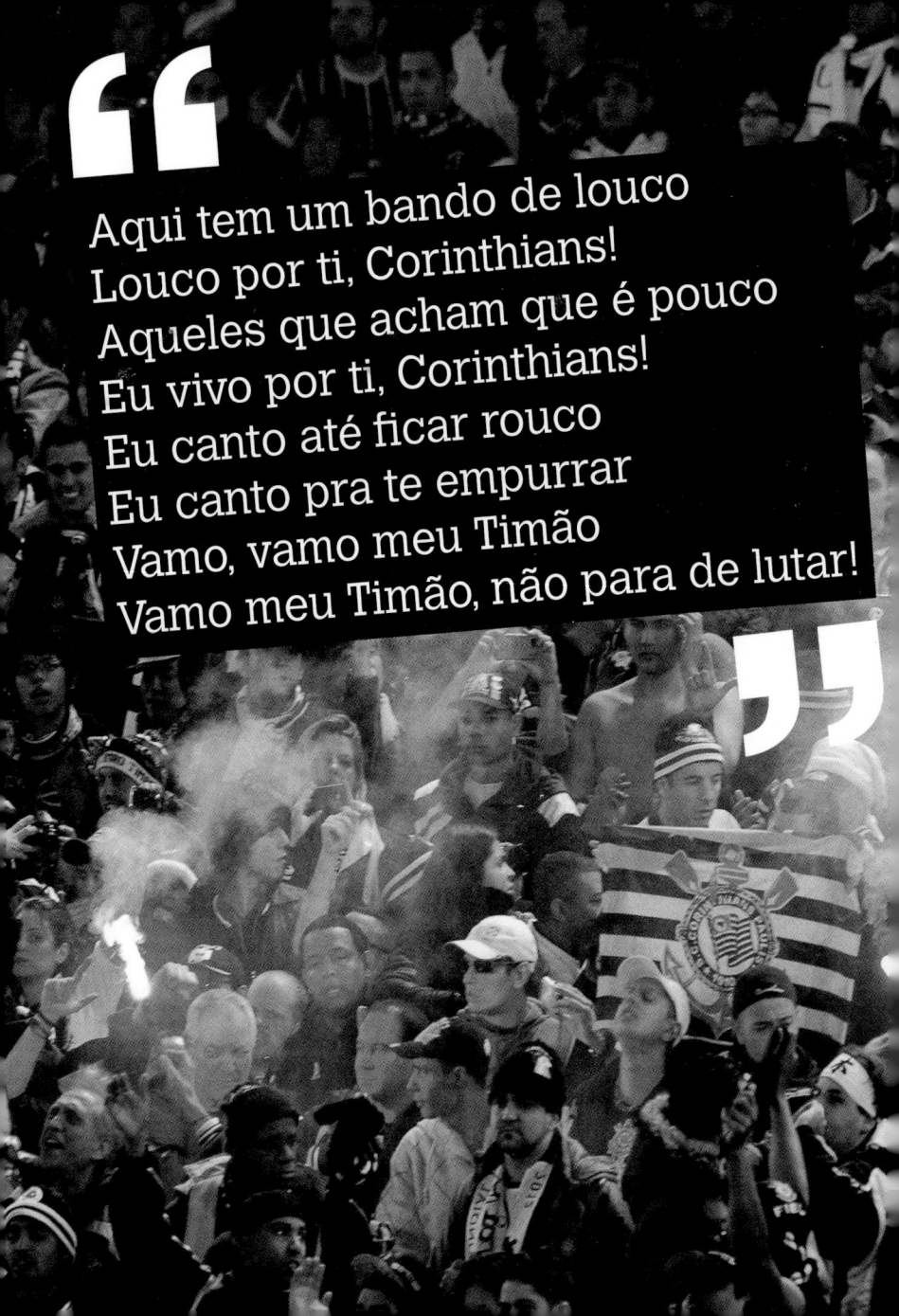

> Aqui tem um bando de louco
> Louco por ti, Corinthians!
> Aqueles que acham que é pouco
> Eu vivo por ti, Corinthians!
> Eu canto até ficar rouco
> Eu canto pra te empurrar
> Vamo, vamo meu Timão
> Vamo meu Timão, não para de lutar!